Marie-Louise Gräfin von Mandelsloh

ALASKA
hautnah

mit Pinsel, Stift und Kamera

Marie Louise Gräfin von Mandelsloh,
»Alaska hautnah – mit Pinsel, Stift und Kamera«
© 2013 der vorliegenden Ausgabe: Edition Octopus im
Verlagshaus Monsenstein und Vannerdat OHG Münster.
www.edition-octopus.de
© 2013 Marie Louise Gräfin von Mandelsloh
Alle Rechte vorbehalten
© Grafikdesign Gudrun Schlemmer
www.schlemmerarte.de
Druck und Einband: MV-Verlag

ISBN 978-3-86991-714-6

Marie-Louise Gräfin von Mandelsloh

ALASKA
hautnah

mit Pinsel, Stift und Kamera

EDITION OCTOPUS

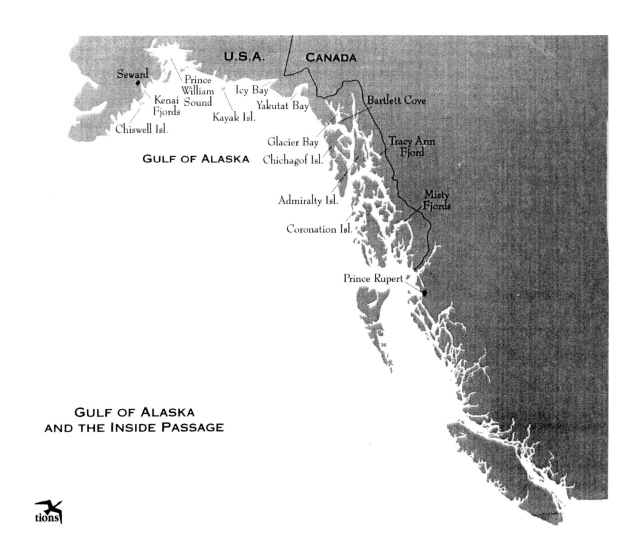

GULF OF ALASKA AND THE INSIDE PASSAGE

Sonntag, 16.8.89

Motto:

Das Leben ist zu kurz, um zuhause zu versauern!

Also besuchten wir Alaska.

Aber: Da Segnungen aus Achtsamkeit und Schwierigkeiten aus Unachtsamkeit erwachsen (Buddha) mußte ich zwei Unachtsamkeiten erstmal verkraften, bevor es losging:

1.) RIPPENBRUCH (1.8.) wegen Auflehnens auf eine hohe Schrank-Kante
oh je-au, au, auah,
--- knack, verdammt
(Soll - nach Arztaussage 3-4 Wochen dauern und mit Schmerzen b. Atmen verbunden sein und LEITER →

beim Husten und beim Räuspern.
Alle 8 Stunden nehme ich seit-
dem Pulfor-Anti-Schmerz

2.) TREPPENSTURZ am 13.8. / nachts
um 4ʰ, rückwärts, Kopf nach
unten, großes Gepolter, sodaß
Chico (da Sanikar) und Eckhard
verstört aus ihren Zimmern kommen: „Was ist los?", „Weiß noch nicht."
Dann weiß ich's: Beule rechts am
Kopf, linker Ellenbogen aufgeschürft, rechter Ellenbogen aufgeschürft,
„Ring-Zeh" rechts halb nach oben
abgerissen (Blutbad auf hellblauem
Teppichboden), Blutergüß am Steiß.
Und doch -: Ich lebe! Habe 3 Schutzengel
gehabt! Dabei habe ich
vor 5 Minuten ge-
rade die letzte Zeile
meines Testaments ge-
schrieben, war deshalb so lange
aufgeblieben, um bei der bevor-
stehenden Reise ruhig schlafen zu
können, weil alles geregelt war.
So fahre ich nun mal wieder voll

bepflastert auf Tour. Eckhard ist bereits
gestern losgefahren, übernachtet im
Hotel Kempinski am Flughafen. Nach-
bar Mike, (zu dessen Hochzeit wir am
18. August eingeladen sind) fuhr ihn
zum Bahnhof. 12ʰ nachts klingelte es
bei uns: Nina, seine (Noch-)Freundin mel-
dete: "Eure Katze sitzt vor eine Badezimmer-
fenster in der Dachrinne + bimmelt!"
(Er hat ein Glöckchen am
Hals.) Wir konnten ihn
gerade noch wieder ein-
fangen. Jan und Dörte
sind das „wir" denn ich
hatte sie am letzten Abend
vor der Reise zu ein Glas Wein eingeladen
und wollte hören, an welchen Dingen
sie interessiert wären (Testament). Jan
kam völlig verschwitzt per Fahrrad an
(34°/Schatten!), Dörte per S-Bahn hinterher.
Gegen 2ʰ nachts habe ich nochmal alles
umgepackt, um die schwere Foto-Aus-
rüstung nicht in den Rucksack in den
Fluggepäckraum (Unterdruck evt. Objektiv-
schäden durch Linsenverschiebungen) geben
zu müssen.
 ½ 7ʰ Abfahrt, Kater läuft weg. 10 Minuten

Einlaufen! Dafür sind wir nach etwas mehr als 25 Minuten am "Franz Joseph Strauß". Leere Straßen, leere Autobahn – phänomenal! Aber: 8ᵉʳ am Check-In ist kein Eckhard zu sehen. Was ist?! Da muß schon was vorgefallen sein, daß er zu spät kommt. Als ich zum Warteraum zum Flugzeug komme sagt er: „Ich habe Dich gerade ausrufen lassen!" Ich bin schuldnichtend. Warum, warum? Aber so ist er nunmal. Kann nicht mit mir und nicht ohne mich.

Mü, ½ 10ʳ: langes Filzen! Jedes Objektiv, jeder Kamerabody! Ich halte den ganzen Laden 20 Minuten auf, bis man mich gnädig entläßt. Die 60! Filme sind mit dem Koffer bereits eingecheckt. Hoffentlich kommen sie ohne Röntgenschaden wieder! Der Flug Mü – FFT verläuft glatt, wir haben in FFT ~2 Std. Aufenthalt. Und da rastet Eckhard aus: Er wird zum 2. Male gefilzt! Wieder 20 Minuten mit einer Art Staubsauger saugt der Bundesgrenzschutzbeamte jeden einzelnen Film oben ab, gibt den eingefangenen "Staub" in ein Analysegerät ab, das bestimmt, ob der Staub Sprengstoffpartikelchen enthält. Doll! Dann bekommt Eckhard ein "Zertifikat", daß die Filme o.k. sind — nach wieder 20 Minuten! Nun ja, wir wollen ja selbst nicht in die Luft fliegen!

Jetzt ist es nun 12:40 nach Münchner Zeit. Sie liegt hier mit 9 Stunden hinterher. D.h. also, es ist hier der 16. August mittags 1:40 h. Land ist nicht sichtbar. Sonne hier oben über den fast weißen Wolken tief unter uns, gleichmäßig verteilt.

In PRINZ RUPERT wird das große Gepäck (in München aufgegeben + durchgecheckt) identifiziert. P.R. ist eine kleine Insel. Per Bus Jahrgang ~1979 bringt man uns über eine Busfähre und nach nochmaligem Umsteigen auf ----
 ↳ mir fallen die Augen zu...!
 ↳ auf das schöne Schiff, die

World - Discoverer

Wir beziehen die Kabine 305 auf dem Discoverer-Deck. Sind total erschöpft

TAGESPROGRAMM

DIE INSIDE PASSAGE UND DER GOLF VON ALASKA

Prince Rupert, British Columbia

Sonntag, 16. August 1998

"GUTEN TAG UND HERZLICH WILLKOMMEN AN BORD DER M/S WORLD DISCOVERER!"

Kapitän Oliver Krüß, die Offiziere, die Reiseleitung und Besatzung möchten Sie ganz herzlich begrüßen. Wir hoffen, daß Sie jeden Moment Ihrer Reise an Bord der
World Discoverer
genießen werden.
Wir alle werden unser Bestes tun, damit Ihre Reise durch die *Inside Passage* und durch den *Golf von Alaska* bis *Seward/Alaska* für Sie zu einem unvergeßlichen Erlebnis wird.

Prince Rupert - mit einer Einwohnerzahl von 17.000 - wird oft als „Tor zum Norden" bezeichnet, da der Ort ursprünglich im frühen 19. Jhd. als Endstation der zweiten kanadischen überkontinentalen Eisenbahnlinie entstand. Die Stadt bekam ihren Namen während eines Wettbewerbs, welcher von der „Grand Trunk Pacific Railroad" finanziert wurde. Der Preis im Wert von $250 sollte an die Person gehen, die einen Namen mit Bezug zu Kanada fand, der nicht mehr als drei Silben hatte. Die Gewinnerin – Miss Eleanor MacDonald von Winnepeg – schlug den Namen „Prince Rupert" zu Ehren Prinz Ruperts. Dieser war ein Cousin von König Charles III. von England war und der erste Gouverneur der *Hudson Bay* Gesellschaft, die 1670 gegründet wurde. Der Prinz starb im Jahre 1682 und sah offensichtlich niemals den nördlichsten Hafen von British Columbia, der seinen Namen trägt.

Einschiffung und Einchecken an der Rezeption. Bitte bringen Sie mit:
- Ihr Schiffsticket
- Ihren Reisepaß

Ihre **Koffer** werden sobald wie möglich in Ihre Kabinen gebracht. Bitte kontaktieren Sie die **Rezeption (Tel. 120),** falls Ihnen ein Koffer fehlt oder sich fremde Gepäckstücke in Ihrer Kabine befinden.
Vielen Dank

Erkunden Sie die *World Discoverer* und machen Sie sich mit Ihrem neuen Heim für die nächsten 11 Tage vertraut. Falls Sie Fragen haben, wenden Sie sich bitte an die Rezeption.

Jeff Sauer, Ihr Expeditionsleiter, sowie seine Assistentinnen Amy Ritchie, Anett Stich und Gisela Polzin zusammen mit ihrem Team von Mitarbeitern und Lektoren sind Ihnen jederzeit gerne behilflich.

1700   In der Lido Lounge erwartet Sie ein **Begrüßungstrunk**, außerdem stehen Kaffee, Tee, Gebäck und Sandwiches für Sie bereit.

1900   Zu diesem Zeitpunkt bitten wir **alle Gäste an Bord** zu sein. Die genaue Auslaufzeit der *World Discoverer* geben wir bekannt.

1900	Ihr Expeditionsleiter Jeff Sauer lädt Sie recht herzlich zur **Vorstellung der Reiseleitung** und der Lektoren in die Discoverer Lounge ein. Anschließend möchten wir Ihnen gern einige **Informationen zu unserem Schiff** geben und Ihnen unser morgiges Programm vorstellen.
2000	Das **Abendessen** wird Ihnen im Marco Polo Restaurant (A-Deck) serviert. Es besteht keine feste Sitzordnung.
2130	Ein **Willkommenscocktail** und ein kleines Abendessen wird für die spät ankommenden Gäste in der Lido Lounge bereit sein.

Die Offiziere der *World Discoverer*:

Kapitän	**Oliver Krüß**	**Deutschland**
Erster Offizier	**Robert Parthe**	**Deutschland**
Zweiter Offizier (Sicherheit)	**Kenneth Horwege**	**Deutschland**
Dritter Offizier (Navigation)	**Antonio C. Manalo**	**Philippinen**
Leitender Ingenieur	**Hans Ernst E. Pufahl**	**Deutschland**
Hotelmanager	**Cornelia Krüß**	**Deutschland**
Zahlmeisterin	**Heike Keller**	**Deutschland**
Funkoffizier	**Virgilio S. Lansangan**	**Philippinen**

<u>BITTE BEACHTEN SIE:</u>

- Die US – Zollbehörde will Ihnen bei Ihrer Einreise in die USA die Pässe persönlich aushändigen. Wir bitten Sie deshald am 17. August um 0600 in der Discoverer Lounge zu sein.
- **Reisepässe** - Diese werden für die behördliche Abfertigung benötigt. Wir bewahren sie deshalb während der gesamten Reise für Sie im Safe auf und händigen sie Ihnen am Ende der Reise wieder aus.
- **Schließfächer** sind an der Rezeption kostenfrei erhältlich. An Bord der *World Discoverer* haben wir das System der "offenen Tür", d.h. Sie benötigen keinen Schlüssel für Ihre Kabine. Wenn Sie Ihre Kabine trotzdem abschließen möchten, wenden Sie sich bitte an die Rezeption, um einen Schlüssel zu erhalten.
- **Rauchen** ist an Bord der *World Discoverer* im Restaurant und in der Lido Lounge, sowie in den Kabinen zu keiner Zeit gestattet, ebenfalls nicht bei Gruppenveranstaltungen in der Discoverer Lounge. Rauchen ist draußen an Deck (außer Zodiac-Deck) und in der Discoverer Lounge auf der Backbordseite (Seite der Bar) gestattet. Bitte, werfen Sie keine Zigarettenkippen von Bord.
- **Leere Koffer** - Sie können Ihre leeren Koffer in den Gang vor die Kabinentür stellen, diese werden dann bis zum Ende der Reise für Sie verstaut. Bitte, beachten Sie, daß Sie während der Reise keinen Zugriff mehr auf Ihre Koffer haben.
- **Allgemeine Informationen** über die *World Discoverer* können Sie der blauen Informationsmappe in Ihrer Kabine entnehmen; ansonsten wenden Sie sich bitte gern an die Rezeption.
- Ihre **Flugtickets** werden wir zu Beginn der Reise einsammeln und bis zum Ende aufbewahren, um die Rückflüge zu bestätigen.

Wir wünschen Ihnen eine gute erste Nacht an Bord der World Discoverer

nach der langen Reise und kriege
kaum noch das zweite Bein ins Bett

Der Flughafen von VANCOUVER
ist sehenswert modern, mit viel
Glas in großen Fachwerk,
Kunstwerken alaska-
nischer Künstler

So, 16.8.98
1. Tag an Bord

Zunächst wird uns allen
mal der Paß abgenommen von der ame-
rikanischen Zollbehörde. Wir kommen das
ja aus Kanada.

Unsere Kabine
(305) ist recht hübsch
1 abklappbares
Bett (rechts), ein
Sofabett geradeaus
2 Bullaugenfenster

Mo, 17.8.

Sonnenaufgang 5²²   S.-Untergang 20¹⁵

Man läßt es ruhig angehen. Nachmittags u 15ᵘ starten wir zur ersten Zodiakfahrt in die RUDYERD-BAY. Es macht Spaß, mit dem kleinen Booten über die Wellen zu sausen.

Das Einsteigen in die Schlauchboote geschieht steuerbordseits vom B-Deck aus. Blaue Schwimmwesten werden (umständlich!) um den Hals gelegt, aber was tut man nicht alles für die Sicherheit. Wasserdichte Hosen, wasserdichte Jacke, Gummistiefel sind obligatorisch. Gesehen haben wir heute noch nicht viel.

Das Essen hier ober-
ausgezeichnet, die
glänzend erzogen
Vorspeise (Salate
Schinken, Käse, Me-
Eckhard spürt
als Erstes gleich diesen Redakteur
eines neuen Magazins für Schiffs-
reisen auf und fachsimpelt über
Auflagenzahlen, Chancen eines nei-
en Blattes, Konkurrenzen und
zu zeigen volumen. Die ersten netten
Kontakte sind hergestellt.

Die Zusammensetzung
der Reiseteilnehmer
ist international.
Viele Amerikaner, da
die Hälfte sind auf
dem Schiff. Mandre

waren schon 4,5,6 x auf der **World Discoverer** und wenn man fragt, welches die schönsten + interessantesten Touren waren, hört man durch die Bank: Die Touren in die Antarktis!
Das soll nun eines meiner, unserer nächsten Ziele werden.

Di. 18.8.

EGG HAI BOR, CORONATION-ISLAND

Wir sind am äußersten Pfannenstiel der alaskanischen Küste. Das Wetter ist durchwachsen. Vormittags sind etliche Vorträge in deutsch + englisch, heute morgen keine Zodiakfahrten. Ich gehe zu Dr. Horst Bromny, der über Kunst und Kunsthandwerk der Eskimos, Aleuten und Indianer spricht. Sehr interessant!

Wir erkunden nachmittags per Zodiac eine Höhle am Strand von
CORONATION ISLAND.
Dort konnte man gut beobachten, wie Stalaktiten + Stalagmiten allmählich entstehen, einander entgegenwachsen.
Vor der Küste von Cor. Island gibt es Seeotter. Sie halten sich in einem Gürtel langer Seetanggewächse auf, schauen uns mit dem Kopf aus dem Wasser, neugierig, verspielt, schnell flüchtend.

Mi., 19.8.
Wir fahren gemächlich durch die STEPHENS-PASSAGE nach SAIL ISLAND.
Hier leben viele Seelöwen und Buckelwale

eine 1. Wale

im Leben sehe ich das Schauspiel des Tauchens eines Wales. Erst gibt es eine Fontaine im Meer. Sie zu fotografieren ist schwer, reine Glücksache, denn man ahnt ja vorher nicht, wo sie auftaucht. Kurz danach zeigt sich der Buckel des Wales,

dann die sog. "Fluke" (hoffentlich richtig) von der vorigen Seite. Ist ein aufregend schönes interessantes Erlebnis. Danach taucht der Wal tief, um den Meeresboden abzugrasen + nach Nahrung zu suchen. Wir beobachten eine Seeotter-Mutter mit ihrem Baby von Kodiak aus. Ab + zu

schnellte irgendwo hinten ein weiteres
Tier senkrecht in die Höhe und lugte
uns neugierig an.

Am Ufer besuchen wir später
noch eine Robbenkolonie. Wie auf
St. Paul/Aleuten sticht einem
sofort der große „Beachmaster" in
die Augen, seinen" großen Harem
bewachend. Majestätisch reckte er
sich zwischen „seinen Damen", die
oder viel kleiner sind als er. 19.8. Mi.

vormittags 19.8.: Sail-Island

Abends,- das letzte Zodiak-Boot
läuft gegen 17³⁰ ein am Schiff,-

rasdrell es unter der Kabinentür und eine Briefumschlag mit schönem Foto eines Sonnenunterganges von Herrn Dr. Bronny geschossen?) lauten auf. Inhalt: Einladung siehe unten zum Windrose-Umtrunk. War einigermaßen langweilig. Stattdessen gutes Gespräch mit Ehepaar aus Wolfenbüttel, Herrn + Frau Wittneben.

abends 19.8.

Friederike und Horst M. Horst Bronny

Sehr geehrter Herr von Brandelsloh,
sehr geehrte Frau von Brandelsloh,
im Namen von WINDROSE begrüßen wir Sie herzlich
an Bord der WORLD DISCOVERER. Wir erlauben uns,
Sie am heutigen Abend nach dem Dinner zu einem
Umtrunk in die Discoverer Lounge einzuladen. Über Ihr
Kommen würden wir uns freuen.

H. Bronny

Nachmittags 19.8. 14³⁰ erreicht die World-Discoverer den schönen Fjord
Tracy Arm, den wir bis zum herrlichen SAWYER-Gletscher entlangfahren. Wir bewundern ihn vom Zodiak + vom Schiff aus. Zunächst tauchen immer mehr treibende Eisschollen im Wasser auf. Wir schießen viele Fotos, fahren zwischen den Schollen hindurch.

Mich wundert, daß die Eis-Schollen unser Boot nicht aufschlitzen. Jedenfalls war

es ein zauberhafter Nachmittag im
<u>Tracy Arm</u>,
den wir nie wieder vergessen werden.

Die Gletscher werden oft von Kajakfahrern besucht. 2 Ranger kamen heute auch auf diese Weise an unser Boot. Man kann solche Kajaktrips auch bei alaskanischen Reisebüros buchen. Ein schöner Sport!

TOTEM

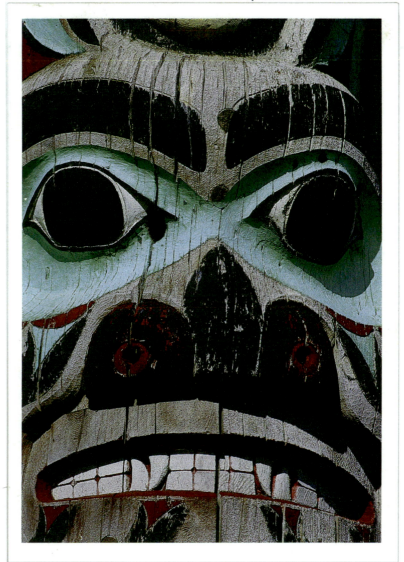

Die alaskanische Eingeborenen-
kunst ist reich an Kultur und
Geschichte. Tlingit-Eltern erzählen ihren Kindern die
alten Geschichten, um ihnen

zu sagen, wie ihre Vorfahren gelebt
haben und welchen spirituellen
Glauben sie hatten. Die Totem-
pfähle wurden oft als Symbole
für diese alten Stories und Glau-
bensdinge gedruckt, damit
die Meinungen und Ansichten
der Vorfahren für die kommenden
Generationen erhalten blieben.

Nachtrag über
SEA OTTER
(Enhydra lutris)

Sea otters live in many parts of coastal Alaska ranging from southeast to the extreme westerly reaches of the Aleutian Islands. They generally stay in shallow areas to facilitate their feeding techniques which often consists of diving for clams, mussels, abalone, crab, sea urchins and other crustaceans and fish. Their fur, one of the finest in the world, is thickly layered with hair that was designed to trap air for both floatation and increased warmth for their life in frigid ocean waters.

Tlingit DAVID hält Vortrag

Vater Fischer, er als Sohn immer mit draußen. Der Hubbard-Gletscher war damals eine große Eismasse. Gletscher bis 700 m tief. Heute nur noch 100-126 m. Früher lag der Gletscher noch über der Stadt YAKUTAT. Die Grundmoräne liegt heute noch vor der Stadt und ist als "Untiefe" gefährlich für die Schiffe.
Lachse + Beeren z. Nahrung. Man fand Kupfer + Kupferbeile (mit Rillen damit die Beile sich beim Tragen nicht verschieben.

Netzfang

Unser Vortragender (s. Vorderen) waren früher ATHNA's wanderten dann nach SO und wurden zu Tlingits. 5 Stämme (mal 7) leben Heida + Simchien heute in Yakutat. Jeder Stamm hat eigene Sprache + eig. Land. unterschiedliche "Herrliche Wappen" als Zeichen. Donnervogelkette. Schöne Hauspfosten mit Zeichnungen, Gemälden mit Emblemen der einzelnen Stämme.
Herrliche Trachten. Tradit.tänze mit

ALASKA, ALEUTEN, ATABASKEN, ATHNA, Tlingit, Pfannenstiel

BIBER

bunten Kostümen. So unzugänglich das
Gebiet der Tlingit, deshalb Brauchtum
so gut erhalten. Raben = Adler = Brüderschaft bedienen sich bei Treffen gegen-
seitig. Bei Tod zB macht die eine
Brüderschaft der anderen die "Dreckes-
arbeit" da tote darf v. d. eig. Brüder=
schaft nicht mehr berührt werden.
Auch gegenseitige Geldgeschenke.
Matriarchat

GUNALCHEESH = danke
Großmütter müßten den
Enkeln das Wissen
beibringen.
Das "Eulenhaus" ist
das "Haus der Scha-
manen. Die Kleider müßten
zeigen immer, welchem Clan sie ange-
hören. Hut aus Fichten öl & wurzeln.

roter Adler
Weltkugel

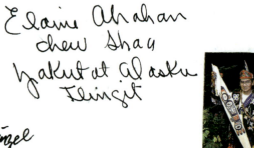
Elaine Abraham
chew shaa
Yakutat Alaska
Tlingit

TLINKITHUT
DES DAVID
vor dem Hubbard
Gletscher

Für den Hut,
der unglaublich
fein geflochten ist,
hat ihm längst ein Amerikaner 1000
Dollar geboten. David hat ihn aber
nicht verkauft. Gegen 13ʰ fahren
wir mit dem Zodiak
an den Strand von

Rinde
aus Eichen-
Baumwurzeln

Hutflechtmuster

YAKUTAT,

Hubbard Glacier is the largest tidewater glacier in North America and is located just 30 miles by air or water from Yakutat. During the spring of 1986, the glacier advanced across the mouth of Russell Fiord, creating the world's largest glacial lake. Many marine mammals were temporarily trapped within this newly formed impoundment. Fortunately, the ice dam broke in October, freeing the stranded wildlife. As a result, the community of Yakutat continues to enjoy the beauty of our land and resources.

Each spring and fall, major migrations of waterfowl, raptors, and shorebirds pass along the Yakutat Coast providing outstanding viewing and photograpy opportunities. Thousands of salmon spawn in area rivers and streams each fall, attracting concentrations of foraging eagles, and brown bears.

leider regnet
es, doch den
Flug z. Gletscher wollen
wir trotzdem machen

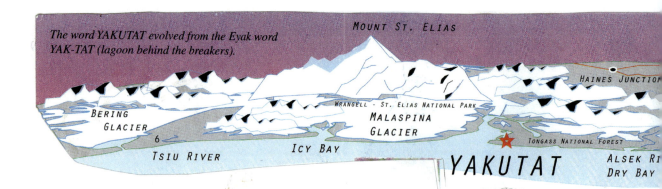

Im dörflichen Supermarkt von Y ist alles zu
begehrt: Vom Waschmittel zur Kunstpostkarte zur
Bierdose. Ich kaufe eine Mitbringsel für ...
eins für Dörte. Ersteres ist eine Toy + Sxerti...
und zweites eine Sterlingsilberanhänger
Reisekette: ein Elch oder eine Elch...
Für mich selbst
habe ich - wie
fast auf jeder Reise - 2 Teelöffel erstan...

22.8. FLUG ÜBER DEN HUBBARD-GLETSCHER bei Yak...
Gegen 15ʰ werden wir - Eckhard h...
ersten Gletscherflug mitgemacht -
~ 3 km von YAKUTAT entfernt - abgelo...
5 Passagiere können mitfliegen,
links neben einem sehr netten, inter...
siner (Magen/Darm/Endoskopierer)
Kann gut aus dem Fenster fotogra...
zunächst dichte Fichtenwälder, da...

zu haben, noch das Her
... vom Babyöl für
Kater Chico und
...ser for Cats
... für Dörtes
...kuh + Kalb.

...udeee
...
at den
...um Flughafen,
... per Kleinbus.)
... sitze hinten
...ssanten Medi-
aus Wales/England.
...fieren. Unter uns
...n einzelne Seen

Der Weißkopfadler kommt
häufig hier i.d. Region

Vortrag Dr. Brouny

Wenn Niederschlag höher ist
als die Verdunstung.
Entstehg. d. Gletscher:
Nährgebiet muß Tal-
gebiet aussenden, d.h.
die Zunge muß Nach-
schub haben. Ohne
Nachschub gibt's sog.
"Toteis" das ewig liegen
bleibt. Toteislöcher = Eis,
übriggebliebene Seen.
Nährgebiet + Zehrgebiet.
Dünne, Firn...gebiete er-
wärmen sich schneller, schmel-
zen, es entsteht niemals Firn...

Schwarz-weißgrenze = Fels/Schnee. Seitenmoränen entstehen durch gesplitterten Fels (tauen/frieren = tägliche Erosion) Oberfläche bröckelt. Klares Eis ist aufgetaut, obere und deshalb beim Neufrieren luftblasenfrei. Im blauen Eis noch etwas Luft, Farbe durch hohen Druck.

———

→ eine offene Bucht, dann höhere Berge mit einzelnen Restschneefeldern und dann das erste Gletschereis, eine

← der Welt größter Salzwassergletscher

große, weißbläuliche schimmernde Fläche — märchenhaft anzusehen. Interessant sind die grauen Sand- und Steinfelder, auf denen kein Eis mehr ist. Völlig zerfurcht, öde, unwirklich. Eine Mondlandschaft ohne Bewuchs + Leben. Der Mediziner

+ wir reichen uns jeweils die Fotoapparate zu, wenn wir Motive auf des Anderen Seite nicht selbst aufnehmen können. Das klappt prima. Nach 3/4 stündigem Flug hat uns die Erde wieder. Kosten: 70 Dollar/Person. Ein Foto zusammen mit dem Piloten wird noch geschossen, dann geht es zurück dem Zodiak zu unserem Schiff.

Der HUBBARD-Gletscher ist der größte Tide-Wassergletscher Nordamerikas. Er liegt 35 Meilen von Yakutat entfernt. Die Front des Gletschers ist über 6 Meilen lang, Türme ragen 300' Fuß über die Wasserfläche und ständig kalben

HUBBARD GLACIER

Eisberge ab in die Disenchantment-bay. Mit großem Getöse und weit-ausgreifenden Aufschlagswellen.

<u>Dallschafe</u> Bergziegen

YAKUTAT

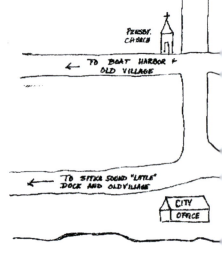

MONTI BAY

← Wir sahen sie(?) vorgestern als weiße Punkte hoch oben in den Bergen. Leider nicht näher.

ALASKA

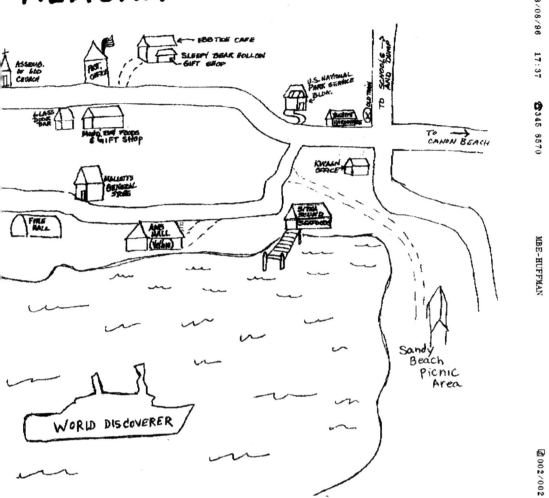

Nieselregen, ab + zu mal ein Blümchen, eine triste Hauptstraße, wenig Menschen in der Stadt, Breitreifenwagen wie in Nome + Kotzebue, viele Fischcontainer im kl. Hafen.

Nachtrag: Am Do., d. 20.8. machten wir eine Bootsfahrt zur Taylor-Bay im Glacier-National Park. Wir fahren den kleinen, 50 Einwohner(!) starken Ort Elfin Cove an. Selbige leben hauptsächlich vom Fischfang. Viele Sportfischer kommen hierher, Angler aus aller Welt. Der Ort liegt nicht an Straßen, sondern an Stegen aus Holz über dem Wald. Wir legen nicht an, weil vielerorts keine Touristen erwünscht sind. Hier jedoch kommt der Inhaber des einzigen Ladens auf uns zu und ruft herüber

„Why don't you come here?"
Er will natürlich verkaufen. So ist das.

Bei der Rückfahrt studieren wir den großen Blättertang, der, einen Bericht zufolge, bis zu 100 Meter lang werden kann.

20.8

Die Wasserfläche leuchtet herrlich im Gegenlicht, der Tang erzeugt abstrakte Bilder!

Wir fahren nachmittags dann nochmal raus in die Taylor-Bay und gehen am Strand spazieren. Ich finde 3 m langen Tang, der sich mit seinen Tentakeln an einem Stein festgekrallt hat und bringe ihn mit aufs Schiff, auf dem er jetzt vor sich hin duftet und trocknet, damit ich ihn zeichnen kann. Hier also:

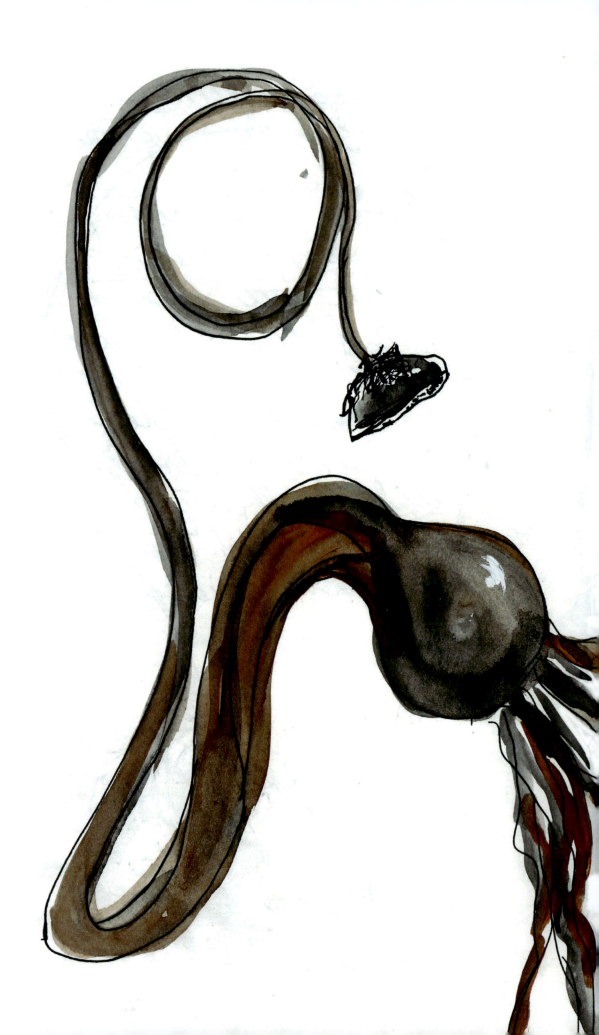

Ich mache einen Spaziergang
ganz alleine durch den urigen
Wald zu einer kleinen Bucht
und habe viel Muße, in Ruhe
„Kleinzeug" am Rande zu
fotografieren. Muscheln, Priele
im Gegenlicht, Tang, Pflanzen
und Meerestiere sowie den
Riesenstrang dieses Tangs, der
wohl 3 m lang ist und den
ich, mir um den Hals gehängt,
mit aufs Schiff nehme!
(bereits beschrieben —
s. vorige Seite!)

Malaspina-Gletscher

Arklöser

Sa. 22.8. Wir sind im
Tsaq-Fjord an der
Westseite der ICY-BAY.
Um 9:30" werden wir ausgebootet, wir
wandern nach unserer Landung an
auf einem nassen, verdammt kalten

in der ICY-BAY

Strand entlang, wo ich gerade sitzend Steine sitzend. Es müßte sehr schnell gehen alles.

Dr. Klöser, der Sektor lies an Bord, geht
— er leuchtet hellrot in seinem
Outfit vor der anthrazitenen
Bergkulisse — hoch hinauf, obwohl
der Hang rutschig und fast 1:1
steil ist (45°). Ich versuchte es dann
auch, wurde aber heruntergepfiffen
wegen zu weiten Vordringens an
den Gletscher. Er fand etliche fossile
Muscheln und war außerdem er-
staunt, hier oben einige Blumen
zu entdecken.

Schnecken + Muscheln am Malas-
pinagletscher gefunden

Wir ankern vorm Bering-Gletscher 22.8.

Beim Essen heute Mittag sitzen die Passagiere 3 m von großen Eisschollen entfernt. Leider komme ich zum Fotografieren zu spät, muß es deshalb zeichnen:

EISBERGE VORM FENSTER
3 m entfernt, 3-5 m hoch.

Soo nah ist die World-Discoverer an die (resp. zwischen die) Eisberge gefahren. BERING-GLETSCHER (leider nicht gezeichnet – too lazy) draußen spielt sich Phantastisches ab: Wir haben in der Bay geankert, v 800 m vorm Gletscher, der ständig grollt und alle paar Minuten kalbt. Die hohen Felsgebirge sind dunkel, anthrazitfarben, darauf zeichnen sich die Wasserfälle wie Krampfadern in weiß ab. Verästeln

sich schieben sie zu breiten Wasser-
flächen zusammen. Gicht und Dunst
vernebeln die Sicht. Dann kommen
von da riesige Brocken Eis herunter
donnern zu Tal und versinken
wie von Spiralfedern abgefangen
in die schäumende, von Eisbrock-
en übersäte Bay.

Sonntag 23.8.

Binsen-
zone

Moose

Bärenspuren

Haufen von Tang + Algen

Besuch

Harvey and Margaret Brush
88 Middlefield Road
Atherton, CA 94027 USA –

reizendes, interessantes
Ehepaar an unserem
Tisch. Erzählen viel über amerik. Verhältnisse

Viele Kormorane hier.
Viele Troffel- + Gelbschopfturmen, s[o]
einige Dreizehenmöven; Nester sin[d]
natürlich leer (bzw: sie brüten a[uf]
nackten Stein), da der Herbst beginn[t]
halten. Es windet jetzt sehr, rege[t]
„daheim" auf der Discoverer zu[.]
Es wird uns noch ein Vortrag [ge]
halten. Die See-Otter hat vie[len]
Vögeln hat sie das Leben gekost[et]
noch heute aus in der Nahrung[.]
Heute abend Film über die Wild[nis]
Eniort die Tiere, aber der Vortrag. Ba[ld]
Heute zum 1. Mal auf dem Schiff

hose
d
af dem
f und die Vögel sich südlichs auf-
et Bindfäden und wir sind froh,
sein.
bd die Katastrophe von Valdez ge-
t ausgerottet Tausenden von See-
t und die Schäden wischen sich
skette der Tiere
iere in Alaska in der Discovery-Lounge
g your pardon)
laugen (extra 2 Stunden) Mittagsschlaf
gehalten!

– eine naturbelassene, herrliche Wildnis dehnt sich vor uns aus.

Es sind licht
wundervolle
licht verhält-
nisse noch
etwas Niesel-
regen, aber son-
derlich beleuchtete
Wolken,
eine echt romantische Stimmung, ruhige See
tiefe Sonne, herrlich blau-weiß schimmernde
Gletscher. Wir haben schon eine wenig Ab-
schiedstimmung, die zwei Schweizerinnen
Inge + Ruth aus Zürich lassen mir ab +
zu einen Schluck Champagner zukommen.
Dann verabschieden sich die Lektorin

Neo 24.8. nachm.
College Fjord
18h 2 gstwd

Jeff..., Dr Klöser, Friederike + Dr Horst Bauq
von den Passagieren, bedanken sich für
gute Zusammenarbeit und geben letzte
Instruktionen für den Ablauf des
morgigen, letzten Word-Discoverer-Tages.
Wir besichtigen noch den Maschinen-
raum mit 27 Jahre alten Einrichtungen.

25.8. Mit dem zweiten Aufruf der Ausbootung zu den CHISWELL-ISLANDS lege ich die obligate Schwimm- wenn Rettungsweste an und steige als 10te Teilnehmerin ins Zodiak. Es sind unter Engländer + Amerikaner darauf, nur gut, auch gut. D. Wetter ist bedeckt, die Inseln liegen als interessante Silhouette vor uns.

Meeresrobben, See-Otter tummeln sich vor unserem Schlauchboot. Puffins sitzen in Pulks auf dem Wasser und die Luft ist

voller Möwen, Puffins und Drei-
zehenmöwen. Wir werden in
kleine Inseldurchgänge gefahren, an unserem Rande
der Felsen klammern sich See-
sterne fest, knallrot. Sie heben
sich leuchtendorange ab vom
dunklen, algenbedeckten Felsunter-
grund kurz über der Wasser-
linie. Bis 1 m fahren wir heran,

um sie fotografieren zu können. Dann fängt es an zu nieseln, zu tröpfeln, zu regnen, zu gießen, zu schütten und zu stürmen. Alle 3 Boote nehmen fluchtartig den Rückzug vor drehen voll auf und Striefeed treffen wir 10 Mann hoch, am Side-gate ein! Ich habe mir eine Plastiktüte über den Kopf gestülpt: Gestern war ich beim Frisör!! Sch.... ade, der Kopf ist wieder wie vorgestern trotz der Tüte.

- Plastiktüte
- Wassertropfen
- Schwimmweste

Happy memories of our brief time together, especially the flight over the Hubbard glacier!
Best Wishes,
Hywel Jones

A splendid, artistic record of a journey in a lifetime.
It will give pleasure to all who are privileged to see it
Best wishes
   Julian Bilaw, Swansea, Wales, U.K.

8:45 Ausschiffung, Besuch des Sealife- 26.8.
Museums in SEWARD. Halt (15 Min)

bei Stromschnellen, wo wir Lachse —→ LACHSE
fotografieren können. Sie schwimmen
gegen den Strom zurück zum Ort ihrer
Geburt, laichen dort + sterben. Bis ½ m
lange Exemplare. An dieser Stelle
stehen viele Angler am Fluß. Sie
verkaufen sie anschließend, (fangen
bis zu 20 Stück/Tag), geben sie in eine
Räucherei und holen sie verkaufs-
fertig wieder ab. Ein profitables Ge-

schäft. Manche Angler „machen" damit pro Tag 2-400 DM + finanzieren damit ihren Trip. Wir hatten in der Gruppe einen Herrn, der schon 13x zum Angeln in Alaska war!

Ich habe im Leben noch nie soviel Fisch gegessen wie auf diesem Trip. Jedesmal anders zubereitet: Mal mit Dill, mal mit Mayonaise, mit Meerrettich, mit Speck und sogar mit Himbeergelee.
Die Grizzlybären stehen an den besten Stellen und

268.

machen dort Beute im Überfluß, wenn die Salmons hochspringen gegen den Strom, um zum Geburtsort zum Ablaichen zu kommen. Im Allgemeinen ist der Bär nachtaktiv, lebt in Höhlen oder hohlen Bäumen. Die Cubs (Jungen) können in ihrem 1. Lebensjahr sogar ganz gut klettern, verlieren diese Fähigkeit aber danach. Der Bär ernährt sich von Pflanzen, Pilzen, Beeren, Insekten, größeren oder kleineren Säugetieren und ist sehr geschickt beim Fangen von Fischen mit einem schnellen Schnappen der Finne mit seinen großen Tatzen.

Bevor wir in Anchorage ankommen, hält der Bus für (leider nur) 15 Minuten an einem kleinen Wildpark. Schon am Anfang steht links ein Elch, ein prächtiger Bursche, viel größer als ich ihn mir je vorgestellt hätte. Bisons weiden rechts, Karibus links, Rothirsche mit Kälbern sind am großmaschigen Zaun. Natürlich fehlt der Weißkopfadler nicht, Füchse und auch die Moschusochsen nicht. Am Ende lockt der große Andenken-Kiosk die Leute scharenweise in seinen Bann. Schnitzereien aus Walroßzähnen, Leder- + Pelzarbeiten, frischer Lachs, Stofftiere und sogar Bernsteinschmuck aus dem Baltikum werden angeboten + gekauft.

Gegen Mittag erreichen wir das Hotel
<u>WESTCOAST INTERNATIONAL INN</u>
und bestellen sofort, hungrig wie wir sind, einen guten Halibut (Heilbutt) mit Broccoli und Mayonaise.

CREDO:

Ich lasse nicht nach, Dich, Welt, zu besingen.
Deines Zaubers Konterfei mög' mir gelingen.
Das Wasser, das Feuer, die Wolken erglüh'n
und sollen im Bild ihren Zauber versprüh'n.
Bis hin – gewiss – zu den letzten Tagen
des Lebens will bildlich ich Dank, Gott, Dir sagen.
Verleih' mir, das wünsch' ich, Gesundheit und Kraft,
dass Foto, Hand, Sprache und Pinsel es schafft!

M. v. M.